LES PIANOS.

Raoul L. de Lamorillière.

LES PIANOS

Les Pianos et les femmes de
chambre me font peur.

PRIX : UN FRANC.

FRANCE
CHEZ LES PRINCIPAUX LIBRAIRES
1856

Voilà déjà longtemps que je n'ai pas
usé de votre bienveillance, déjà longtemps que je n'ai pas arraché le petit
franc à votre curiosité. C'est votre faute.
Pourquoi? Je n'en sais rien.

Pour couper court aux explications,
accusons-en mon prote. Le volume la
BOURSE, annoncé et attendu, est là,
prêt à prendre son vol à la moindre brise. D'aucuns ont prétendu qu'il ne paraî-

trait pas. C'est une erreur. J'attends un renseignement de l'Inde. — c'est pire que les vins de Cos-d'Estournel, — vous le voyez. Dieu veuille que vous lui trouviez autant de cachet !

En attendant, j'ai dérobé quelques heures à mes promenades et à mes occupations : quand le soleil tremblait de paraître. je me suis rapproché de mon feu et j'ai pris le piano à partie. Je l'ai interrogé. pressé. questionné : j'ai promené sur son ivoire mes doigts inhabiles : je l'ai tourné. viré en tous les sens. depuis *ut* le plus bas jusqu'au *do* le plus haut. il m'a toujours répondu par ses monosyllabes entrecoupés : *do* , *ré* , *mi* , *fa* , *sol* . *la* , *si* ; *si* . *la sol* , *fa* , *mi* , *ré* , *do* . — Irrité des réponses si sèches de mon camarade de chambre, j'ai juré de lui tirer dessus à boulets rouges.

En conséquence.

J'ai pris mon encrier, l'ai rempli d'encre noire et fraîche, et j'ai versé impitoyablement sur lui tout ce que vous allez lire.

J'espère, chères lectrices, qu'en rendant votre jugement vous ferez la part de ma colère et des ennuis qu'il m'a causés.

Tout à vous,

RAOUL L. DE LAMORILLIÈRE.

I

LE PIANO.

Le piano est un instrument à cordes et à clavier dont on renforce ou adoucit le son à volonté.

Ce n'est pas mon opinion, c'est tout simplement celle de l'Académie. Si vous avez foi en cette docte compagnie, représentée par quarante fauteuils assez élastiques mais vieux, étiquetés et numérotés selon l'ordre des arrêts de la mort. — L'Académie est un corps immortel, en ce sens que quand la mort lui casse un membre, on lui en met un nouveau.

Passons.

Le piano à son origine, — je parle du XVIᵉ siècle, — était un modeste clavicorde, sorte d'instrument qui avait une corde pour chaque son. Ses cordes étaient tourmentées par de petits marteaux couverts de plumes appelés *sautereaux*; plus tard, on le perfectionna et on lui donna les noms de *virginale*, instrument à caisse rectangulaire, et d'*épinette*, instrument qui avait la forme d'une harpe renversée; enfin, vers la fin du même siècle, le clavecin fut créé et mis au monde par un menuisier d'Anvers, nommé ***Hans Ruckers***.

Le clavecin d'***Hans Ruckers*** avait deux cordes à l'unisson et trois octaves aiguës auxquelles il en ajouta bientôt une quatrième.

Les sieurs Chambonnière et Couperin le Grand, de Paris, — Dieu garde leur âme! — au XVIIe siècle se mirent en tête de perfectionner le clavecin, et ils réussirent.

Les chroniqueurs du temps nous racontent des merveilles au sujet de ces génies à cordes et à *sautereaux*. Et si nous en croyons leurs récits, Chambonnière et Couperin furent portés en triomphe dans les rues de Paris par trois tambours-majors des gardes du roi, représentés alors par des clarinettes en *si*, des clarinettes en *la* et des clarinettes en *ut*. D'où je conclus que le tambour-major, comme le piano, n'était pas encore inventé.

Chambonnière et Couperin, dit le Grand, firent du reste d'excellents élèves, et ils répandirent en facteurs habiles et infatigables, dans toute la capitale, un goût désordonné pour le clavecin. La fille d'un sabotier, — les cordon-

niers alors étaient des objets de luxe, — sur
le refus de son père de lui laisser apprendre le
clavecin, devint folle, monta, dit la chroni-
que, au sommet d'une des tours de Notre-Da-
me, et se précipita de là sur le pavé. Un malheur en amène toujours un autre. Chambonnière passait au même instant, la jeune sabotière lui tomba dessus et le tua sur le coup;
elle en fut quitte pour quelques égratignures.
Plus tard, quand elle mourut, les savants —
il y en avait aussi à cette époque — firent
l'autopsie de son corps et ils découvrirent
que son cœur avait la forme d'un clavecin.

Cette découverte fit grand bruit à Paris, où
l'on garde encore dans un des musées célèbres
le cœur-phénomène de la sabotière.

Tout cela nous explique un peu la vogue de
cet instrument au XVIIe siècle et de celle de
son successeur, le piano, au XIXe. Je m'en

rapporte en ceci à Casimir Bonjour, qui dit je ne sais où :

Et l'on trouve un piano dans l'arrière-boutique.

En 1716, Marius, facteur de Paris, présentait à l'Académie — encore l'Académie — trois nouveaux clavecins munis de maillets garnis de peau, tous trois de formes et combinaisons différentes. Ce n'était pas encore le *nec plus ultra* du clavecin.

En 1717, Amédée Schroter, organiste de la cathédrale de Nordhausen, produisit également un instrument dont le mécanisme intérieur reposait à peu près sur les données de Marius. Enfin, en 1718, Bartholomé Cristofori, de Padoue, montrait un clavecin dans lequel le *sautereau* avait fait place au maillet. Ce moteur nouveau donna plus de sonorité et facilita les nuances renfermées dans les divers degrés du doux au fort.

Ce nouvel instrument, qui s'éloigne bientôt de l'illustre mais ancien clavecin par ses formes extérieures, fut appelé *forte-piano*, puis *piano-forte,* ensuite *forte,* et enfin simplement *piano ,* le seul nom qui soit arrivé jusqu'à nos faveurs et qui résume en lui les qualités mêmes de l'instrument.

Silberman, facteur habile, perfectionna plus tard le forte-piano et le recommanda à l'attention du monde musical ; et si j'osais émettre l'opinion de Castille Blaze, je dirais : le piano, en rendant de grands services à la musique, a porté un préjudice notable à plusieurs parties de cet art. Les Chambonnière, les Couperin, les Marius, les Silberman en répondent devant la postérité !

De nos jours, la tarentule a piqué au talon

tous les facteurs de Paris et de la province. On fait des *pianos à queue* dont les cordes sont horizontales et placées dans une boîte d'une forme qui donne son nom à l'instrument. Des *pianos droits* dont les cordes sont perpendiculaires au clavier. On les nomme aussi *pianos à secrétaire*. Des *pianos carrés* dont les cordes sont aussi horizontales, mais qui ne se déploient pas comme celles des pianos à queue.

On fait encore des *pianos à archet* ou *orchestrino*, ou *orphéon*, instruments montés avec des cordes de boyaux que l'on fait parler au moyen d'un clavier ou d'une roue qui porte un archet.

J'ai cru, pour l'acquit de ma conscience et pour satisfaire à l'ennui de mes bienveillants lecteurs et lectrices, devoir donner ici des détails sur l'origine de ce fatal instrument, —

je dis fatal, — sur ses métamorphoses, sur sa mission passée et sur sa destinée future.

La postérité donnera au monde un âge de plus : l'*âge des pianos*, représenté par le XIXe siècle. Elle le mettra entre parenthèse si elle veut, n'empêche qu'il aura existé. Il y a des siècles comme des hommes qui sont maudits du ciel ; comme il est des femmes qui, par leur légèreté, leur manière de se vêtir et la façon immodeste de porter les cheveux en arrière, donnent à douter de la pureté de leurs mœurs, et cependant.......

II

LE PIANO AU POINT DE VUE SOCIAL.

La religion de mes lecteurs est maintenant parfaitement éclairée sur l'origine et la forme de l'instrument dont je les occupe et dont, pour la plupart, ils s'occupent tant à mon insu.

En traitant cette question, je vais réveiller ces vieilles haines masculines et féminines que

2

m'ont valu mes *Crinolines* et mes *Hommes à dix sous*.

Je connais des gens pour lesquels le piano a perdu sa qualité d'objet de luxe et est devenu une doublure d'eux-mêmes, comme dans les troupes lyriques les premiers sujets ont toujours des seconds premiers eux-mêmes dans la personne d'un de leurs camarades.

Donc le piano est l'âme, l'image, la doublure de l'artiste qui maltraite ses touches à coups de poings ou du bout des doigts, soit que cet artiste ait un poignet à tuer un bœuf, soit qu'il ait des mains aussi parfaites de distinction et de grâces qu'on les portait aristocratiquement au temps des duchesses du grand siècle, quand les peignait avec tant d'art et de volupté le célèbre Mignard.

Mais, silence ! je prouverai plus tard, dans un chapitre spécial, que le piano devrait être brisé et jeté au feu, précisément parce qu'il est infiniment rare de nos jours de trouver de jolies mains.

Les jolies mains aujourd'hui n'existent que dans les expositions de tableaux, et encore les peintres modernes sont-ils obligés de les composer sur de vagues indications, d'après le caprice de leur imagination fugitive, et pas autrement !

Au point de vue social, le piano est un instrument d'une immoralité déplorable. On a calculé, — ce calcul a été fait par des hommes compétents de l'Académie de musique — que, pour faire un bon pianiste, il fallait travailler *vingt-cinq* heures par jour pendant trente ans, à moins d'être doué de dispositions surnaturelles; prédispositions, du reste, qu'on rencontre rarement dans l'arrière-boutique, derrière une futaille ou dans la loge d'un portier. Ce n'est pas que je prétende que le soleil ne se lève pas pour tout le monde. Vous vous trompez. Je suis plus libéral et j'admets que Rachel a chanté dans la rue en s'accompagnant d'un orgue de Barbarie ; que Mirès a été un marchand de montres en cuivre avant d'acheter pour vingt millions le port de La Joliette à Marseille ; que M. Pescatore a laissé en mourant vingt-deux millions de fortune et 14,000 fr. de cigares dans une armoire du château de Giscours , et qu'il n'a pas trouvé un crédit de 25 c. dans une auberge située sur la route de Pau aux Pyrénées ; enfin, j'admets encore que d'un clavecin on ait pu faire un piano.

Je ne regarde pas cela comme des exceptions. Vous allez me crier : haro ! Je ne le regarde même pas comme naturel. Vous me criez encore plus fort : haro ! Hé bien ! ne vous en déplaise , je considère ces phénomènes comme un errement de la nature ; c'est moins qu'un caprice du hasard, c'est le hasard du hasard lui-même. Tirez-vous de là et concluez si on peut être ou devenir fort au piano comme on est ou comme on devient fort en thème !

A ce point de vue donc le piano est immoral à l'excès pour quiconque s'y livre tout entier. Rien que l'idée d'avoir vu un accordeur de piano, une fois dans ma vie, devenir amoureux de la plus belle, de la plus aimable et de la plus noble jeune personne de la terre, me ferait maudire à jamais ce fatal instrument.

Figurez-vous M. Pipelet, l'homme le plus laid qu'aient produit les caprices bizarres de la nature, repoussant comme tous les péchés capitaux de la religion catholique ! Cet affreux bipède changeait un *mi* au piano de Berthe, et Berthe était là. Pipelet lui décocha un regard perfide, — c'est permis à un homme

laid, d'autant que la laideur n'est pas un cri-
me. — Berthe répondit par l'indifférence. Pipelet ne se rebuta pas, et le lendemain il glis-
sait dans le piano à secrétaire de la pauvre
enfant un infâme poulet. Berthe le lut, et l'a-
mour lui bandant les yeux elle aima Pipelet.
Son père et sa mère en moururent de chagrin,
et aujourd'hui Berthe a doté le monde d'une
famille nombreuse de petits Pipelet. Les Pipelet feront le déluge !

J'ai quatorze cent treize personnes de ma
connaissance qui sont devenues folles pour
avoir été condamnées à l'audition forcée de
quinze cents pianoteurs et pianoteuses. On cite
même une d'elles qui mourra probablement
de l'idée qu'elle a dans la tête quatre pianos :
un piano *à queue* qui lui est rentré par les
pieds, — il venait de l'entresol; — un piano
droit qui lui est rentré par le crâne, — il tom-

bait du second ; — un piano *carré* qui est sorti
de chez son voisin de droite et un piano à *secrétaire* qui sort de chez son voisin de gau-
che. Le pauvre fou demande continuellement
qu'on lui fasse l'autopsie. Ce fait me rappelle
le gigot que Mallebranche croyait toujours
avoir pendu au nez comme à un croc de bou-
cher ; il fallut lui en couper un morceau pour
le guérir de cette idée malencontreuse.

J'ai dit qu'il fallait au moins vingt-cinq heures de travail par jour, pendant trente ans,
pour devenir fort. Sans ce travail acharné, je
ne crois pas au génie des pianistes. D'où je
conclus que les myriades de gens qui piano-
tent doivent être grillés sur la place publique,
attendu qu'ils passent le temps nécessaire, —
et exigé par les savants pour faire des pianistes de mérite, — à des inutilités dont la so-
ciété, en définitive, n'a aucun souci ; car elle

n'est pas sur la terre pour des *touches* et des *chansons*.

Les épiciers me font rire quand ils se pâment d'aise en entendant les sons éraillés du piano asthmatique de leur fille, qui se morfond dans l'arrière-boutique en croches et triples croches. Il me prend envie de leur verser sur la tête un boisseau de haricots ou un flacon de cornichons !

Que les belles, grandes et nobles dames me font rire aussi quand elles vont, tournant le dos à leurs admirateurs, demander à l'ivoire et au palissandre des sons qu'un chat, s'il était exercé, obtiendrait aussi bien qu'elles. Tout cela n'est que machinal, une difficulté vaincue, et voilà tout.

Un piano est aux grâces de la femme ce qu'est un épinard sur un plat de crème. Vous voyez comme moi cette jeune fille svelte et élégante, cassée devant son piano comme un k de l'alphabet, s'agitant les doigts comme si elle avait des convulsions nerveuses et faisant des grimaces à en rendre dangereuse la vue à *certaines* femmes dans *certaines* positions, parce que toutes les femmes sont filles d'Ève et qu'elles imitent volontiers ce qu'elles voient.

III

LE PIANO ET SES QUALITÉS.

Les amateurs — ils y sont souvent intéressés — prétendent que le piano est moelleux, harmonieux, mélodieux, agréable, tendre, souple, obéissant et mobile. J'avoue franchement qu'il faut avoir renoncé à formuler de sains jugements pour tenir pareil langage. Il faut être facteur de piano ou professeur à cachet, ou mieux encore, amoureux d'une femme qui a donné dans ce travers, pour attribuer à cet instrument de pareilles qualités.

D'autres, — et ils sont plus forts et plus

lats, ont dit, écrit et signé que le piano était dans leurs mains, mais dans leurs mains seulement, le roi des instruments, le César de la musique. Ces autres avaient meilleure opinion de leur *modeste* talent que la généralité des humains. La flûte pour eux est un instrument de berger qui doit passer aux moutons, le violon un instrument de ménétrier, bon tout au plus à faire danser les ouailles de M. le curé. Tulou! Dufau! Vieuxtemps! Allard! Milanolo! Virginia et Carolina Ferni! saluez et pendez-vous, vous n'êtes que des cabotins!

Je pardonne le piano à Thalberg, à Litz, à Mme Mattemann, à mes amis Schad et Forgues, parce qu'ils me touchent seuls et m'émeuvent; et je ne le laisse toucher aux autres qu'à condition qu'ils veuillent apprendre aux serins à chanter.

IV

BUT DU PIANO.

Le piano a dû être inventé pour les polkas
et les quadrilles. Otez-le de là, il est d'un
flegme désespérant. Un spirituel écrivain,
M. de Piis, a dit de lui, je crois :

Fier de sons décousus qu'il enfante sans peine,
Avec un flegme anglais le piano se traîne.

Cet instrument, en effet — si peu qu'un
Pipelet quelconque l'ait accordé — donne à

tout le monde un son juste, plein et sonore ;
tandis que la justesse de tout autre instrument,
en général, est soumise au talent de l'artiste
qui lui commande et non à un Pipelet.

La mission du piano semble être aussi de
servir au compositeur à chercher des œuvres
musicales autour desquelles souvent les pré-
occupations le font errer. Ainsi encore, si on
ne veut pas apprendre aux serins à chanter,
si on ne veut pas faire danser et enfin si on
ne veut pas composer, — tout le monde n'a
pas de serins à élever, de danseurs à faire danser et de compositions à écrire, — on doit
condamner son piano au silence, dans l'intérêt
des voisins qui pourraient devenir fous de fa-
tigues et d'ennui et dans l'intérêt de la morale
publique, pour les causes que j'ai énumérées
plus haut.

Je connais des dames et des demoiselles

qui étudient une heure et deux heures par jour
leur piano. Les malheureuses, elles ignorent
ou plutôt elles ne se rendent pas compte de
tout le mal qu'elles peuvent faire !

V

EFFETS FUNESTES DU PIANO.

Indépendamment des ennuis et des folies que peut causer le piano, il est une infinité d'autres effets physiques qui ne lui sont pas étrangers.

Le plus grand et le plus déplorable est de donner en général aux mains et aux doigts de celui qui le joue une insensibilité désespérante, quand il ne lui fait pas venir de calus, de durillons ou de cors. Le jeu de piano décharne

les mains et leur donne des airs de mains de
cuisinière à désespérer les amateurs d'un des
plus délicieux attributs dont doit être jalouse
une jolie femme. Il n'y a que le piano au monde
pour donner aux mains le mal de poitrine et
les faire maigrir et mourir encore plus vite que
par le moyen vulgaire de la chute des feuilles.
Toutes les mains des pianistes me font l'effet
de faire leurs nerfs et de relever d'une fièvre
scarlatine.

De plus le piano donne aux bras nus des ti-
raillements affreux à démonter les épaules
les plus harmonieuses et les plus robustes ; il
rompt toutes les fibres délicates qui font la
fermeté adorable de la partie supérieure du
corps, surtout chez le beau sexe. Chez l'homme, au contraire, il développe les parties os-
seuses ou musculaires, et en fait quelquefois
des qualités.

J'ai vu des pianistes perdre toutes les grâces féminines qui les distinguaient, d'autres
ont perdu leur souplesse et ont acquis de la
raideur, d'autres ont vu leur bouche prendre
le travers, tant les difficultés musicales leur
faisaient faire souvent des grimaces hideuses ;
j'en ai vu qui ont tourné les yeux, tant elles
avaient de fois un œil sur les touches, l'autre
sur la musique ; d'autres sont devenues bos-
sues ; d'autres enfin ont perdu leur indifférence *virginale* et sont devenues éperdument
amoureuses de leur professeur ou de leur accordeur — Pipelet — je l'ai déjà nommé à
propos de Berthe.

Ce dernier effet est un des plus funestes au
point de vue de la morale et de la philosophie
de l'argent.

Apprenez donc après ça le piano à vos filles !

VI

QUI APPREND LE PIANO.

C'est vouloir vous dire ce que tout le monde
sait.

Le piano est comme le sel, d'après le ma-
nuel de santé de Raspail : on en a mis, on en
met et on en mettra partout. Je ne connais
qu'un endroit dans l'univers où il n'y en ait
pas : c'est dans la lune. Il ne doit pas y en
avoir également au ciel, parce qu'au ciel il n'y
a que de l'harmonie.

L'engouement pour le piano est une maladie
déplorable ; mais elle existe , et j'écrirais contre elle cinquante volumes de la grosseur de
la Touraine et du psautier de David que je ne
calmerais pas un instant cette fièvre brûlante.

J'en ai vu , j'en vois et j'en verrai dans les
salles de l'abattoir pour étourdir les bœufs et
les moutons ; dans la loge du concierge des
prisons pour irriter les prisonniers ; dans les
salles d'attente des gares de chemins de fer
pour faire impatienter les voyageurs ; dans les
caves des maîtres de chais pour distraire les
rats ; dans les greniers de la grisette , dans
les salons du grand, du demi, du quart de
monde et du monde camelotte pour tromper
l'espion ; je connais même un palefrenier philosophe qui en a demandé un à son maître
pour apprendre à un cheval à piaffer comme
un cheval de sang.

Vous n'avez sans doute pas vécu jusqu'à aujourd'hui sans avoir entendu parler du célèbre phénomène qu'a produit un coup d'orage le 16 juillet 1855. Je lis à ce sujet sur un programme de soirée musicale et littéraire qui a eu lieu à Avignon le 31 janvier 1856, les choses curieuses que voici, et que tous les journaux de France ont rapportées :

« GRANDE SOIRÉE MUSICALE ET LITTÉRAIRE
» donnée par le jeune HYACINTHE DRANAC,
» âgé de seize ans, subitement métamorphosé
» du sexe féminin en l'autre sexe, à la suite
» d'un coup de tonnerre qui l'a foudroyé pen-
» dant la journée d'orage du 16 juillet 1855,
» et doué instantanément par cet événement
» des plus brillantes qualités de *pianiste* de
» premier ordre et de poète distingué.

» Les Académies de Bordeaux, de Toulouse
» et de Strasbourg, consultées sur ce phéno-
» mène, ont été unanimes à en attribuer les

» résultats à la puissance merveilleuse du
» fluide électrique, et après un examen sé-
» rieux et *approfondi* du jeune Dranac, ont
» successivement déclaré qu'il n'existait dans
» sa conformation nulle anomalie susceptible
» de le faire distinguer de tout autre créature
» du même sexe qui n'aurait été l'objet d'au-
» cune métamorphose. »

Après pareil phénomène, je dois naturelle-
ment tirer le rideau. Cette fille *garçonnisée* et
devenue *pianiste* émérite, en ne conservant
de son premier sexe que le nom d'Hyacinthe,
dépasse en prodiges musicaux tout ce que
nous savons de plus fort.

J'avais raison de dire qu'il y a des *pianistes*
partout et que cet amour est à l'état latent
dans tous les éléments. Le coup d'orage en
question en est une preuve écrasante, et le
jugement des trois susdites Académies con-
solide ma foi !

VII

LES PIANOS AVANT, PENDANT ET APRÈS LE MARIAGE.

Avant le mariage les pianos tiennent lieu d'amoureux et de conseils. J'ai vu des jeunes filles parler avec passion à leur piano, l'interroger, lui demander des réponses douces et suaves à un sentiment qu'elles ne définissaient pas. Chez d'autres il servait de signal et sonnait *l'heure du berger*. Que de pianos dont les cordes ont vibré à l'heure où l'amou-

reux passait timidement sous les fenêtres en-
tr'ouvertes, — ce dernier phénomène se produit aussi *pendant* et *après* le mariage.

Que de pianos ont répondu à autre chose
qu'aux doigts qui agitaient ses touches di voire
ou d'ébène ! que de choses encore un piano
dit à certaines heures, même quand on n'en
joue pas !

J'ai vu des jeunes pianistes qui, sur un coup
d'œil jeté sur la pendule du salon, s'arra-
chaient aux baisers d'une mère ou d'une sœur
et se précipitaient sur leur piano ; d'autres
qui, sur un coup d'œil jeté sur la même pendule, cessaient de jouer au milieu d'un des
plus beaux motifs de l'*Elisir de Amore* et al-
laient se blottir derrière les mousselines
amoureuses de la fenêtre..... pour regarder
dans la rue.

Pendant le mariage on touche d'autant plus

ou d'autant moins du piano qu'on aime plus
ou qu'on aime moins son mari. Plus, si on
aime moins, et moins, si on aime plus. Je
ne connais pas de mari plus ennuyé et plus à
plaindre que le mari dont la femme est toujours au piano. Je ne veux pas dire pour cela
que les autres le soient moins. Cela dépend
sous quel point de vue philosophique on en-
visage le mariage.

Après le mariage le piano est à peu près ce
qu'il était *avant*, moins la jeunesse. Une jeune
veuve me disait un jour qu'il fallait du piano à
ses ennuis et que le jour où elle ne s'ennuierait
plus elle ferait brûler son infâme clavecin.

Un jeune mari, fatigué des gammes chro-
matiques et des études du piano de sa femme,
s'avisa un jour d'enlever toutes les cordes de
cette affreuse caisse, qu'il remplit de ses vê-
tements et de son linge de corps. Sa jeune

compagne arrivant le soir même avec lui à deux heures après minuit d'un bal où elle avait beaucoup dansé et son mari beaucoup joué..... aux cartes, courut à son piano, et, sans respect pour le sommeil de ses colocataires, elle fit glisser ses doigts inutiles sur le clavier. Comme on le pense, les habits de M. X... ne rendirent aucun son. Elle voulut s'expliquer ce mystère, ouvrit son piano et découvrit la fraude. La colère lui vint, elle arracha la défroque de son mari ; mais par malheur un papier tomba de la poche de l'habit de M. X... Mme X... le ramassa, et que vit-elle ? une lettre de femme !... Il n'en fallut pas davantage pour provoquer une demande immédiate en séparation ; le mari s'entêta ; il plaida contre les pianos et la femme plaida contre les maris infidèles.

Le tribunal écouta avec bienveillance les

plaidoiries et ne condamna personne, dans
l'intérêt de la morale publique, qui aurait
trop à faire si elle avait à se préoccuper des
pianos et des infidélités !

VIII

LE PIANO ET LE MAUVAIS TON.

Le piano m'irrite et m'agace autant que les
gens de mauvais ton et de mauvaise compagnie. Je ne suis pas du reste le seul à en
avoir des attaques de nerfs. Fontenelle, qui
vivait avant que le *concerto* ait été inventé,
c'est-à-dire du temps des *sonates*, assistant
à une soirée musicale où le clavecin faisait
ses frais, s'écria au moment du plus com-

plaisant enthousiasme et avec impatience :
O sonate, que me veux-tu ?

Il y a des gens qui font du piano un instrument de bon ton. Vous n'êtes pas plutôt dans
leur salon qu'ils vous forcent, par des moyens
plus ou moins adroits, à inviter leur demoiselle à se mettre au tabouret. Chez ces gens-
là on doit indubitablement chanter au dessert.
et la demoiselle doit accompagner jusque sur
la porte-cochère les personnes qui ont eu la
patience de leur sacrifier une visite. C'est à
mon avis un de ces gros sens qu'on ne quali-
fie pas. J'en connais, — il est vrai que ce
sont des plus laides et des plus prétentieuses,
— qui font même station sur le seuil de cette
porte et retiennent à causer ces mêmes visi-
teurs, crispés de subir pareille inconvenance.

Le bon ton ne se vend pas comme un kilo-
gramme de cassonnade ou de poivre, et l'on

prend en pitié ceux qui en sont déshérités.
Ceci me rappelle un fait que voici :

« Une famille se prit d'humeur un jour contre un jeune homme qui l'aurait certes laissée
dans sa coque. Il n'est pas de grossièretés
que cette famille n'ait répandues dans son
monde contre ce jeune homme jusque-là inof-
fensif. Les calomniateurs furent trahis ; le
jeune homme irrité aux souvenirs fréquents
de ces bassesses prenait fièvre à la vue de ces
harpies, et quand il passait à leur côté leur
jetait à pleins yeux le mépris qu'elles avaient
bien gagné. »

De quel côté était le droit? Il y avait honte
à se venger de femmes ; mais il y avait eu
bassesse à calomnier d'un homme dont l'attention leur aurait fait honneur.

Je dis cela comme je donnerais une leçon
de piano. A bon entendeur, salut !

IX

LE PIANO ET LA MODE.

Un jour, une dame de la cour se présenta
dans une chapelle de Versailles ou de Marly un
quart-d'heure avant la messe. La cour devait
chasser ce jour-là et la duchesse (il y avait
encore des duchesses à cette époque) était
en çostume de chasse, corsage montant jusqu'aux oreilles et boutonné jusqu'au menton.
On lui observa que sa tenue était inconvenante

et qu'elle devrait se mettre en costume plus décent pour prier Dieu. Elle sortit et revint un quart-d'heure après, la poitrine nue, les bras nus et les épaules nues. C'était ce que la mode et l'étiquette appelaient un costume décent.

Avouez avec moi que ce n'est pas ainsi que l'Académie interprète le mot *décence !*

Mais la mode a de tels caprices et de tels errements, elle fait des soubresauts si contraires souvent aux lois de la pudeur, que nous ne nous étonnons plus de son décolleté.

Hasardez vos yeux dans la soirée la plus intime, sous le simple prétexte d'entendre un piano, dans un bal d'où la valse et les danses en tête-à-tête sont bannies, — conformément aux vœux de l'Église ; — portez vos oreilles à un concert : partout, si peu que vous ayez des connaissances anatomiques, vous pourrez faire un cours complet d'ostéologie, dont la publicité ne serait pas sans intérêt pour une foule d'amateurs.

J'ai un ami, un jeune homme plein de philosophie et fort répandu dans le monde, qui a déjà écrit la valeur de trois beaux volumes in-octavo sur les signes particuliers qu'il a remarqués, semés çà et là et sans ordre sur les épaules des dames auxquelles il a eu l'honneur d'être présenté depuis dix ans.

Ce recueil curieux et original, qui renferme aussi des notes précieuses sur la force des *pianoteurs* et des *pianoteuses* de sa connaissance, lui vaudra un succès littéraire et scientifique.

Il m'a assuré qu'il était décidé, dans l'intérêt des siècles futurs, à faire imprimer cet ouvrage avec illustration. Ce livre portera le nom de **Livre secret**, à l'usage des personnes qui croient aux *bosses*, aux *signes* et aux *pianos*.

J'ai tout dit , j'ai tout fait déjà pour le détourner de son coupable projet : prières, remontrances, considérations morales et physiques, rien n'a pu l'attendrir. Il lancera avant peu dans le monde des indiscrétions cette grammaire héraldique de l'ostéologie et des signes.

Il y a des êtres qui sont impitoyables : tous les procédés vont se briser contre eux, comme la volonté de l'homme va se briser contre le destin. C'est la fatalité qui le pousse. Saluez et laissez passer la fatalité !

La mode du piano est venue comme est venue jadis la mode des manches à gigot, aujourd'hui celle des crinolines et des volants, des demi-chapeaux de dames et de la fourberie des hommes ; — il est vrai que cette dernière a été de tous les temps : elle se continue.

La mode commande et l'humanité obéit pas-
sivement. Elle part du grand centre — Paris
— quand elle ne peut plus y vivre et qu'elle
est étouffée par une nouveauté ; elle s'en va
en province, comme les littératures épuisées
et les poitrinaires, pour respirer l'air des éta-
bles. Elle se traîne pendant des années entiè-
res sur l'humanité provinciale, — qui diffère
du tout au tout de l'humanité parisienne, —
puis elle meurt, comme les Fakirs de l'Inde,
une queue de vache à la main.

X

LE PIANO ET LE MAGNÉTISME.

C'est encore une question fort grave à laquelle l'expérience a donné mille fois gain de cause ; et, tout méchant qu'on me dise , je ne suis pas homme à lutter contre des faits qui s'établissent d'eux-mêmes pour l'*heur* des uns et pour le malheur des autres.

Un magnétiseur qui a beaucoup fait parler de lui et de la farce magnétique — science à fluide et à ficelles — crut un jour avoir fait la découverte du Pérou ou tout au moins d'une petite Californie scientifique , et , comme un grand philosophe de l'antiquité, il courait les rues et les places publiques en s'écriant : *J'ai trouvé ! j'ai trouvé !* en grec : *euréca ! euréca !*

On le crut fou. Enfin, quand il fut revenu à des sentiments plus calmes, on lui demanda l'objet de sa découverte, et il s'empressa d'expliquer qu'il venait d'appliquer le fluide électrique au jeu du piano. Une commission fut nommée, on expérimenta, et le piano joua tout seul. Les membres de la commission, justement indignés, prirent à part le magnétiseur et lui montrèrent le télégraphe électrique qui passe sous sa fenêtre. Seulement le président prenant la parole dit au savant :

« Je croyais que vous aviez trouvé un moyen pour réveiller les gens que cet instrument endort : c'eût été beaucoup plus important. »

La commission désappointée laissa là le magnétiseur et se retira.

XI

LES PIANOS AU FEU.

Il est prouvé par tous ceux qui s'occupent de sciences et de pyrotechnie que le bois employé à faire les pianos est un bois léger et sec : d'où je conclus que le meilleur usage qu'on ait à en faire, c'est de les mettre au feu. J'en excepte cependant un piano en bois de *lètre*, arrivant de Cayenne, le seul au monde qui défierait le brasier le plus ardent.

Ce célèbre *enfant trouvé* de piano dort dans

le coin d'un salon de Bordeaux où il est arrivé, dans les conditions que voici :

M. X... habitait Cayenne depuis longtemps.
Les nègres lui faisaient les grimaces les plus
aimables : chacun d'eux lui portait de temps
en temps une bille de bois de *lettre*. M. X...,
en ayant fait une ample provision, reçut un
matin la visite d'un ami qui lui demandait du
fret pour France. Ne sachant comment satisfaire à cette demande, il lui proposa de lui
vendre les quelques stères de bois qu'il pos-
sédait : le marché fut conclu et l'ami fit voile
et bonne brise pour Bordeaux.

Cinq ans plus tard, M. X... revint aussi en
France ; la manie du piano le prit à la gorge
et il ne fut pas content qu'il n'eût fait cette
dépense : il se rendit chez un facteur de Bordeaux, marchanda cinquante pianos et arriva
enfin à un piano rare et d'un bois nouveau,

sur lequel l'ouvrier avait brisé tous ses outils.
M. X... s'approcha, inspecta le bois, questionna le facteur et apprit bientôt que la présente caisse avait été fabriquée avec son bois de *lêtre*. Il s'enthousiasma et lui donna la préférence. — Il arrive souvent des choses bizarres sur la terre ! — De plus, le piano de M. X... est le seul meuble chez lui qui ne soit pas assuré contre l'incendie, le bois avec lequel il est fabriqué pouvant résister à l'action du feu et de la fumée.

XII

CE QU'ON VA DIRE DE MES PIANOS.

Les uns demanderont ce qu'il y a de plus ennuyeux qu'un piano.

Les autres répondront : ce sont les deux mille pianos de M. Raoul L. de Lamorillière.

Pipelet prétendra qu'il leur faut du *son* ou une *corde.....* pour me pendre.

Fifi, le fier-à-bras, ne leur trouvera pas de *touches.*

Berthe allumera son feu avec leurs débris.

Les facteurs m'intenteront un procès en dif-
famation.

M. X..... ne me dira pas ce que lui a coûté
son piano en bois de *lètre*.

Enfin, peut-être que certaines gens s'occu-
peront moins de certaines autres gens après
avoir marchandé, acheté et lu mon opinion
sur le bon et le mauvais *ton*.

Et moi j'ajoute : ne vous fiez pas toujours à
ce que les écrivains vous disent.

————

Bordeaux, impr. de BALARAC jeune.

Bordeaux, imp. Balarac jeune